5829.
A-1.

Yf 7515

LA PRISE
DE
LA GRENADE.

LA PRISE

DE

LA GRENADE,

PIECE EN UN ACTE,

Représentée pour la premiere fois sur le Théatre des Grands Danseurs du ROI, aux Boulevards, le 19 Octobre 1779.

C'est le cœur de la Nation
Qui nous a servi de modele.
Vaudeville de la Piece.

Prix, 1 liv. 4 sols.

A PARIS,

Chez BRUNET, Libraire, rue Mauconseil; à côté de la Comédie Italienne.

M. DCC. LXXIX.
AVEC APPROBATION ET PERMISSION.

PERSONNAGES.

M. BLUNDER, riche Négociant Anglois.

Miſſ SALLY, ſa niece.

BELLEVILLE, Capitaine de Vaiſſeau Marchand François, priſonnier à la Grenade.

JACK-PUDDING, Armateur Anglois, niais & ridicule.

LA VALEUR, Sergent de Grenadiers.

JOLI-BOIS, Tambour.

PEGGY, jeune Payſanne Angloiſe, fille de WILLIAM, amoureuſe de JOLI-BOIS.

WILLIAM, Payſan Anglois, Jardinier de M. BLUNDER, & pere de PEGGY.

La Mere ROQUILLE, Vivandiere.

La Scene eſt dans un Bois voiſin de la Maiſon de BLUNDER, *& à peu de diſtance de la Ville.*

LA PRISE DE LA GRENADE.

SCENE PREMIERE.

BLUNDER *seul, assis au pied d'un arbre, fumant, avec une Gazette & d'autres papiers à la main.*

Le vent est nord-est, le ciel superbe; nous aurons infailliblement de bonnes nouvelles: les François nous envoient des flottes; mais avec de la patience & du temps, nous leur en rendrons bon compte. Voilà déja des papiers qui me promettent des merveilles.

(*Il se remet à lire.*)

SCENE II.
BLUNDER, SALLY.

SALLY.

Je vous cherchois, mon Oncle; que faites-vous donc ici à l'heure qu'il est? la nuit vient, ne vaudroit-il pas mieux rentrer?

BLUNDER.

Nous avons le temps.

SALLY.

Mais il y a loin d'ici à la maison.

BLUNDER.

N'importe; je me trouve fort bien ici : je voulois lire tranquillement ces nouvelles qui me sont arrivées, & qui me réjouissent fort.

SALLY.

Qui vous réjouissent, mon Oncle? Mais vous ne savez donc pas ce qu'on dit?

BLUNDER.

Qu'est-ce que c'est?

SALLY.

Une flotte Françoise a paru sur les côtes de cette Isle.

BLUNDER.

Cela nous évitera la peine de l'aller chercher.

SALLY.

On ajoute qu'un détachement a débarqué à cinq-lieues d'ici.

BLUNDER.

C'est morbleu fort bien fait à lui.

SALLY.

Que voulez-vous donc dire?

BLUNDER.

Que nous les battrons.

SALLY.

Cela se peut, mon Oncle ; mais s'ils étoient vainqueurs.

LA PRISE

BLUNDER (se levant.)

Craintes de femme, pusillanimité; nous avons une flotte redoutable dans ces parages, des forts bien avitaillés dans cette Isle; & si les François viennent nous plaisanter avec leur mousqueterie, nous avons cent pieces de canon pour leur répondre. Quant à vous, Sally, vous êtes Angloise, & c'est assez pour qu'une armée de François ne vous fasse pas peur.

SALLY.

Aussi suis-je toute rassurée; mais vous, mon Oncle?

BLUNDER.

Moi? je voudrois que ce que vous dites fût vrai; je passerois ici la nuit à fumer, pour me donner le plaisir de l'événement, & voir le premier tous les prisonniers que nous allons faire. Mais, à propos de prisonnier, que veulent dire toutes ces visites que nous rend depuis quelque mois ce M. Belleville, ce jeune François qui commandoit le Navire Marchand, dont Jack-Pudding a fait la conquête?

SALLY.

Pouvez-vous, mon Oncle, donner le nom de conquête à une prise comme celle-là ?

BLUNDER.

Pourquoi donc pas ?

SALLY.

On étoit en pleine paix : le Navire de Belleville voguoit fans méfiance & prefque fans armes, fous la fauve-garde des traités. Jack-Pudding l'affaillit en Corfaire, & s'en rend maître fans coup-férir ; eft-ce là du courage ? eft-ce même de la juftice ?

BLUNDER.

Il n'y a ni courage ni juftice qui tiennent : toutes les mers font à la nation Angloife ; notre droit eft d'y faire la paix & la guerre quand bon nous femble & comme il nous plaît, fans avoir befoin d'avertir perfonne : tant pis pour ceux qui ne favent pas nos ufages.

SALLY.

Je les connois trop mal pour en parler, mon Oncle ; mais je fuis fenfible au fort de Belleville.

BLUNDER.

A ses galanteries peut-être; car c'est par-là qu'un François brille.

SALLY (*vivement & avec expression.*)

Non, mon Oncle, ce sont ses sentimens qui me touchent, & non pas ses galanteries; c'est le caractere le plus franc, c'est le cœur le plus généreux. L'entend-on regretter la perte de ses biens? le voit-on insulter, comme il le pourroit, ceux qui l'en ont injurieusement dépouillé? a-t-il jamais calculé, comme votre Jack-Pudding, le vil profit d'une violence injuste? Non; l'ame de ce François est noble, incapable de détour, ignorant la crainte, désirant la gloire, & prenant l'honneur pour guide de tous ses procédés : voilà Belleville, voilà les qualités qui me plaisent en lui, & qui me charmeroient dans tout autre, s'il étoit possible de les rencontrer.

BLUNDER.

Chansons, langage de Roman & de vieille Chevalerie, dont ce François vous a bercée pour vous dégoûter de Jack : mais sachez que ce Jack, quoique niais si l'on veut & un peu butor, c'est un garçon essentiel. S'il n'a pas de courage, il y supplée par l'adresse : jamais il ne s'expose au danger sans être sûr de s'en tirer avec profit. Il ne s'occupe ni de point d'honneur ni de ferrailler ; mais il vise au solide, en un mot il s'enrichit ; voilà le point, Sally, celui auquel une fille raisonnable doit s'attacher. S'il ne vous falloit qu'un amant, je vous dirois, préférez le François ; mais pour un mari, c'est Jack qu'il vous faut, & vous aurez Jack.

SALLY.

Oh ! je ne l'aurai point, je mourrois plutôt que de m'y résoudre.

BLUNDER.

Vous vous y résoudrez, & vous ne mourrez point ; en un mot, Sally, vous dépendez de moi ; votre fortune est entre mes mains, & j'y joindrai la mienne si vous faites mes volontés ! je souhaiterois que les François fussent effectivement débarqués dans cette Isle, & le jour de leur défaite seroit celui de votre mariage,... point de réplique ! je vais me promener pendant qu'il reste un peu de jour, pour voir ce qui se passe, & je vous retrouverai à mon retour. Tâchez en attendant de réfléchir au mérite de Jack, & d'oublier votre Belleville. Au revoir. (*Il sort.*)

SCÈNE III.
SALLY, *seule.*

Moi l'oublier ! oh ! jamais : je n'avois peut-être pour lui avant tout ceci qu'une amitié ordinaire, mais la contrariété que j'éprouve, me le rend plus cher que ma vie, & me donne pour cet odieux Jack, une horreur que je n'avois jamais sentie. Le voici qui s'avance de ce côté; c'est une occasion pour lui dire ce que je pense, & le convaincre, s'il est possible, de toute la haine que j'ai pour lui.

SCÈNE IV.
JACK-PUDDING, SALLY.
JACK.

On m'a dit que vous m'attendiez : ne perdons pas de temps; me v'là, vous v'là aussi : ça fait que nous v'là tous deux, & que nous pourrons causer. Votre oncle que j'ai rencontré, & à qui je plais m'a envoyé pour que je vous plaise aussi.

SALLY.

Vous auriez aussi bien fait de ne pas venir, M. Jack.

JACK.

Pourquoi donc?

SALLY.

C'est que vous perdrez vos peines.

JACK.

Oui?

SALLY.

Oh mon Dieu, oui!

JACK.

En v'là bien d'une autre ça; comment donc; est-ce que vous ne m'aimez pas?

SALLY.

Oh mon Dieu, non!

JACK.

C'est que vous ne m'avez pas bien examiné donc?

SALLY.

Oh mon Dieu, si.

JACK.

Oh mon Dieu, si, oh mon Dieu, non ! qu'est-ce que cela veut donc dire ? (*Niaisement*) Je parirois Miss Sally que vous avez de l'humeur ?

SALLY.

Terriblement.

JACK.

Eh bien, tenez je l'aurois deviné dès en arrivant : falloit pourtant me le dire vous même, parce que ça auroit fait que je n'aurois rien dit moi; mais à présent que je le sais, je ne dirai mot, & je m'en vas....

SALLY (*vivement.*)

Que rien ne vous retienne.

JACK.

Oh que neny-da, ce n'est pas ça que je dis, voyez-vous ; je veux dire que je m'en va fumer une pipe de tabac à côté de vous, en attendant que vous disiez quelque chose.

SALLY.

(*A part.*) Le butor, (*haut*) ne fumez pas, car je m'enfuirai.

JACK.

Oh dame moi, c'est que je suis vif comme le brandevin, voyez-vous ; il me faut toujours de l'occupation ; ou que je boive, ou que je fume, ou que je gesticule, ou que.... Pardi à propos de ce Miss Sally faut que je vous embrasse.

(*Il veut l'embrasser.*)

SALLY (*le repoussant.*)

Non, non, M. Jack, modérez votre vivacité; il vaut mieux parler.

JACK.

Comme vous voudrez, moi, ça m'est tout égal.

SALLY.

Je voudrois, M. Jack, vous demander une chose; mais il faudroit me promettre auparavant que vous me répondrez comme vous pensez, là tout naturellement ?

JACK.

Oh je vous le promets, moi, qu'est-ce que ça me coûte ?

SALLY.

Si une femme ou une fille que vous rechercheriez en mariage, vous difoit en confidence & auffi poliment qu'il lui feroit poffible, M. Jack je vous hais à la mort, quel parti prendriez-vous ?

JACK.

Je la laifferois dire, moi.

SALLY.

Et vous perfifteriez malgré cela dans le deffein de l'époufer ?

JACK.

Parbleu oui, pourquoi pas donc ?

SALLY (*à part.*)

L'odieux caractere !

JACK.

Eft-ce que j'époufe pour qu'on m'aime donc ? Oh ! là-deffus une femme aura liberté entiere, qu'elle m'apporte feulement une dot bien coffue, & qu'elle augmente la famille des Pudding, de deux ou trois marmoufets, dont elle aura le foin, v'la tout ce que je demande.

SALLY.

SALLY.

J'admire votre indifférence, elle est on ne peut pas plus obligeante, & tout-à-fait conforme à l'idée que j'avois de vous.

JACK.

N'est-ce pas que je raisonne bien?

SALLY.

Si bien que je ne veux pas être en reste avec vous de sincérité.

JACK.

V'la ce qu'il faut.

SALLY.

Et je vous déclare tout net, que quoique mon oncle puisse faire, j'aimerois mieux perdre tout ce que je possède au monde, que de vous épouser jamais.

JACK.

Oh bien! en v'la d'une bonne celle-là. Puisque vous le prenez sur ce ton-là, je vous déclare moi, que je vous ai marchandée à votre oncle; nous sommes convenus de prix, partant c'eſt marché conclu, il faut qu'il tienne ; & il ne ſera pas dit que Jack-Pudding, maître de vaiſſeau & homme de tête, ſoit mené comme un ſot ; allons venez tout-à-l'heure ventrebille, venez avec moi trouver votre oncle.

(*Il veut lui ſaiſir la main.*)

SALLY (*ſe défendant.*)

Laiſſez-moi.

JACK (*la ſaiſiſſant.*)

Oh ! vous viendrez.

SALLY (*s'efforçant de ſe débaraſſer.*)

Finiſſez je vous dis, vous me faites mal.

JACK.

Oh ! je ne donne pas là dedans ; allons ; allons, pas tant de ſimagrées.

SALLY (*criant.*)

Au ſecours.

SCENE V.

BELLEVILLE; *les Précédens.*

BELLEVILLE.

Qu'ai-je entendu ? Ah dieux ! c'est vous, Miss Sally. (*Il court à elle.*) Que vous a-t-on fait ? D'où vient cette agitation ? (*Jettant les yeux sur Jack qui s'est éloigné.*) Quel est le téméraire.

SALLY.

Ah ! Belleville !

BELLEVILLE (*fièrement à Jack.*)

Est-ce vous, Monsieur ?

JACK.

Ne v'là-t-il pas que vous allez vous fâcher aussi vous.

BELLEVILLE (*le regardant d'un air menaçant.*)

Si je savois....

SALLY.

Calmez-vous, Belleville; Monsieur vouloit me reconduire à notre maison, j'ai été effrayée de je ne sais quoi; mais votre présence m'a rassurée tout-à-coup.

JACK.

Oh! c'est vrai ça, M. Belleville, dès que vous avez paru, ça a produit sur elle un changement subit. Mon pere disoit toujours qu'un François valoit mieux lui tout seul, pour faire revenir une femme, que trois flacons de sel d'Angleterre.

BELLEVILLE.

Votre pere auroit dû vous prévenir aussi, qu'un François sait punir les incivils & les brutaux par-tout où il les rencontre.

JACK.

Oh! je le sais bien; mais ici vous n'êtes pas le plus fort, M. Belleville.

BELLEVILLE.

Cela poura venir, M. Jack, & j'espere avant peu vous en dire des nouvelles.

SALLY.

Quoi, Belleville! le débarquement seroit-il véritable?

BELLEVILLE.

Oui, charmante Sally, les François sont dans cette Isle, ils marchent vers le fort; on a déja sommé le Gouverneur, & nos troupes ne sont qu'à trois lieues d'ici.

JACK.

Ça ne se peut pas; notre flotte étoit là exprès pour les empêcher de passer.

BELLEVILLE.

Cependant ils sont ici, & vous aurez dans peu, si vous voulez, le plaisir de les voir.

JACK.

Il faut donc que notre Amiral ait reçu défense de vaincre, car sans cela il auroit tout mis en capilotade.

BELLEVILLE.

Assurément; mais je crois qu'il y a de plus un ordre de se laisser battre, & qu'il aura aussi la complaisance de s'y conformer. Que diriez-vous de ça, Jack?

JACK.

Ça feroit tout-à-fait particulier; mais j'apperçois M. Blunder; il saura ce qui en est lui. (*A Blunder qui entre.*) Est-il vrai, notre Oncle, que les François viennent & qu'ils veulent....

SCENE VI.

BLUNDER, *les Précédens.*

BLUNDER.

IL n'est pas question de savoir ce qu'ils nous veulent, mais de se mettre en sûreté : on est à ramasser mon argent & mes effets les plus précieux. Allez, mon ami Jack, je remets tout cela sous votre sauve-garde, pour les transporter au Fort, où vous emmenerez aussi ma niéce.

SALLY.

Mais je n'ai pas peur, mon Oncle.

BLUNDER.

Cela ne fait rien, allez toujours.

BELLEVILLE.

Je ne vous quitterai pas, belle Sally; & s'il arrivoit le moindre accident, soyez sure....

BLUNDER.

Non, M. Belleville; demeurez s'il vous plaît: je vous suis obligé de votre zele; mais songez qu'en un moment comme celui-ci, il ne nous conviendroit pas d'en accepter les témoignages. Allez, ma niéce; & vous, Jack, ne la quittez pas.

JACK.

Soyez tranquille; j'aurai soin de votre argent; & je regarderai si bien derriere moi, qu'on ne nous atrapera pas; allez, je vous en réponds.

SALLY.

Le devoir nous sépare, Belleville; obéissez au vôtre; mais songez que mon cœur n'est pas un de vos ennemis.

BELLEVILLE.

Soyez sûre de mes sentimens, chere Sally; je saurai obéir à l'honneur sans être infidele à l'amour, & notre séparation, je l'espere, sera de courte durée.

BLUNDER.

Finissons, & partez.

(*Jack & Sally sortent.*)

SCENE VII.

BELLEVILLE, BLUNDER.

BELLEVILLE.

Qu'est-ce donc, M. Blunder ? Vous paroissez inquiet, vous voilà tout rêveur ?

BLUNDER.

Et vous bien triomphant, n'est-ce pas ?

BELLEVILLE.

J'avoue que ce qui arrive n'est pas fait pour me chagriner ; mais je respecte votre déplaisir, & je ne suis pas de caractere à m'en prévaloir.

BLUNDER.

Qu'est-ce à dire, vous en prévaloir ? Est-ce que vous nous croyez vaincus ?

BELLEVILLE.

Vous n'exigerez pas au moins que je croie le contraire.

BLUNDER.

Votre ton m'outrage, Monsieur.

BELLEVILLE.

Par quelle raison?

BLUNDER.

C'est qu'un véritable Anglois n'aime pas la raillerie, sur-tout quand elle est prématurée.

BELLEVILLE.

On en imprime pourtant à Londres qui sont un peu précoces.

BLUNDER (*avec humeur.*)

Morbleu, Monsieur, il ne s'agit ici ni de Londres ni de ce qu'on y imprime. (*Froidement.*) Après tout je ne sais pas pourquoi je m'amuse ainsi à pointiller avec vous : vos François sont sur notre terrain ; nous allons voir comment ils s'y tiennent.

BELLEVILLE.

Vous avez raison ; c'est aussi ce que je suis curieux de voir : mais à vous parler vrai, je n'en ai pas mauvaise idée. Attendez, j'apperçois quelqu'un de votre connoissance, qui vient sûrement vous dire des choses agréables.

SCENE VIII.

JACK, les Précédens.

BLUNDER.

Que vois-je ? C'est toi, Jack ?

JACK.

Eh pardine, oui, c'est moi.

BLUNDER.

D'où vient cet air effaré ? Pourquoi sitôt de retour ?

JACK.

Ah bien, oui, de retour ! Faudroit être parti pour être de retour.

BLUNDER.

Qu'est-ce que ça veut dire ?

JACK.

Eh pardi ! ça veut dire que votre argent & votre niece sont à tous les diables qui les emportent.

BLUNDER.

Quoi ! Sally ?....

JACK.

Eh pardi ! oui, encore un coup, Sally & l'argent, l'argent & Sally. Comme nous fortions de votre maifon pour gagner le Fort, une troupe de ces maudits François...

BELLEVILLE (*fiérement.*)

Qu'eft-ce que vous dites ?

JACK.

Pardi, ne vous fâchez pas, vous ; je dis qu'une troupe de François a tombé fur nous, & s'eft emparée de tout le bagage. Pour la fille, je n'en fuis pas inquiet, car ça fe retrouve toujours ; mais c'eft l'argent, dont je ne me confole pas ; c'eft autant de perdu, & je crois que j'en pleurerois, tant ça m'eft à cœur.

BLUNDER.

Quoi ! tu as laiffé enlever Sally par des François ?

JACK.

Le moyen de l'empêcher ? Ils étoient au moins trois ou quatre.

BLUNDER.

Et tu n'as pas combattu pour la défendre?

JACK.

Ah bien, oui, combattu! Vous croyez que je vas prendre querelle comme ça avec toute une armée; car elle étoit tout près au moins, & marchoit à nous, puisque je l'ai entendu de mes deux oreilles: oh ma foi! je ne suis pas si dupe. Je n'aime pas les chamaillis où je risque ma peau, & où il n'y a rien à gagner; d'ailleurs je suis pour la mer, moi; & un Officier de Marine ne compromet pas son rang avec des troupes de terre: preuve de ça, c'est que pour éviter l'occasion, je plante là mon épée (*il la jette*), la ramasse qui voudra.

BELLEVILLE (*vivement.*)

Se sera moi. (*Il s'empare de l'épée.*)

BLUNDER.

Je vous entends; embrassez-moi, Belleville; votre zele me touche, & votre résolution ne m'offense point. (*Après une courte pause.*) Vous mériteriez d'être Anglois.

BELLEVILLE.

Je me pique d'être François, Monsieur, & ce titre honore assez pour que je n'en desire jamais d'autre.

BLUNDER.

Pour toi, méprisable Jack, ne me parle jamais ; tu perds dès ce moment toute l'inclination que j'avois pour toi.

JACK.

Oh ! qu'à ça ne tienne ; j'aime mieux perdre ça qu'autre chose.

BELLEVILLE.

Le temps nous est cher, Monsieur ; je vole sur les traces de Sally. Que vois-je ? C'est elle-même. (*Il court au-devant.*)

BLUNDER.

Et des soldats François !

JACK.

Des soldats ! je décampe, moi. (*Il part.*)

SCENE IX.

LA VALEUR & deux Soldats François, SALLY & les Précédens.

SALLY (*courant à Belleville.*)

AH! Belleville!

LA VALEUR (*aux Soldats.*)

Allez à votre poste, camarades; où êtes-vous donc, la belle enfant, comme diantre vous courez.

BELLEVILLE (*s'avançant & retenant la Valeur.*)

Arrêtez, qui que vous soyez, & respectez cette jeune personne.

LA VALEUR.

Qu'appellez-vous respecter; est-ce qu'un homme comme moi ne sait pas la politesse? Mais, attendez, vous qui me parlez.... Parbleu je ne me trompe pas, c'est M. Belleville.

BELLEVILLE.

Et vous Pierre le Fort, je crois, le fils du Fermier de mon pere?

LA VALEUR.

Juſtement; mais à préſent mon nom eſt la Valeur, Sergent de Grenadiers des troupes du Roi, dans Hainault, & toujours prêt à le ſervir bravement pour peu que l'occaſion s'en préſente. Mais par quel haſard eſt-ce que je vous rencontre ici? Eſt-ce que ce vieux Anglois là eſt de votre connoiſſance?

SALLY.

Oui, Monſieur, c'eſt mon oncle. M. Belleville eſt notre meilleur ami, & c'eſt à lui que nous avons recours pour vous remercier dignement du ſervice que vous m'avez rendu.

LA VALEUR.

Quant à ce qui eſt de ça, M'amſelle, n'y a pas de quoi, je n'ai fait qu'obéir à mon Général & à mon cœur, qui ſert la beauté, ſert l'honneur, ça va ſans dire, ainſi il ne faut pas de compliment pour ça; mais ce gaddem là ne dit rien : eſt-ce qu'il eſt muet.

BLUNDER.

Pas plus que vous; mais je ſuis ſurpris....

LA VALEUR.

De quoi donc?

BLUNDER.

Comment se fait-il que ma niece ait été enlevée par un parti François, & qu'un moment après ce soit un autre François qui me la ramene, par ordre, dites-vous, de votre Général?

LA VALEUR.

Parbleu! c'est que notre Général ne fait la guerre ni aux femmes, ni à l'argent; mais aux ennemis seulement qui nous resistent. Il s'est trouvé là comme on enlevoit votre niece & votre coffre fort: il m'a commandé pour ramener M'amselle, la v'la. Quant à vôtre magot, je l'ai consigné à deux pas d'ici, sous la garde d'une sentinelle; vous pouvez aller l'prendre, & vous dispenser des remercimens, car vous ne m'en devez pas, & au surplus ils m'ennuiroient; v'la nos manieres, à nous.

BLUNDER.

Puis-je vous demander au moins, quel est le brave homme qui vous commande?

LA

LA VALEUR.

Eh parbleu ! notre Amiral ; eft-ce que vous en connoiffez de plus brave ?

BLUNDER.

Il s'en trouvera peut-être ici, qui ne font pas de caractere à lui céder.

LA VALEUR.

Tant mieux ; c'eft là juftement ce que nous cherchons ; nous n'avons pris que nos fufils, à celle fin de les rejoindre plus vîte, & je compte pouvoir vous dire dans peu, fi les épées de vos Anglois, font mieux eimmanchées que les nôtres. A propos de ça, M. Belleville, eft-ce que vous n'êtes pas curieux ?

BELLEVILLE.

Je partois, quand vous êtes venu, pour obtenir du Général la permiffion de combattre.

LA VALEUR.

Vous l'aurez fans difficulté. Mais parbleu, je fuis votre ancien ferviteur ; laiffez-moi l'honneur de vous préfenter.

BELLEVILLE.

De grand cœur, mon ami, ne perdons point de temps.

SALLY.

Quoi ! Belleville ; vous allez me quitter ?

BELLEVILLE.

Je ferois indigne de vous, belle Sally, fi je vous préférois en ce moment, à mon honneur & à la gloire.

SALLY.

J'eftime votre bravoure ; mais fi quelque malheur....

LA VALEUR.

Camarade, les momens font précieux.

BELLEVILLE.

Partons, mon ami. Adieu, Sally, adieu ; j'entends le tambour ; adieu ; on eft en marche. Courons la Valeur. (*Il part.*)

LA VALEUR (*à Blunder.*)

Père la Tamiffe, je vous ai dit que votre pacotile étoit là tout près ; allez la faire emporter, car j'emmene mon fentinelle, & je n'en réponds plus. Adieu, la belle enfant, vous foupirez ; mais ça ne durera pas, allez ; vous nous reverrez bientôt. (*Il part.*)

SCENE X.
SALLY, BLUNDER.
BLUNDER.

Tout ce qui me fâche de ces François, c'est leur présomption : car au fond je leur trouve de l'honneur, & des manieres généreuses ; allons chercher mon argent. Eh bien ! Sally, est-ce que vous ne m'entendez pas ?

SALLY.

Pardonnez-moi, mon Oncle ; mais où allons nous.

BLUNDER.

Je vous l'ai dit ; d'abord, chercher mon argent, & après cela le porter au Fort, où je vous conduirai moi-même.

SALLY.

Que pensez-vous de Belleville, mon Oncle ? Je crois que vous avez dit aussi que son caractere vous plaisoit.

BLUNDER.

Si je l'ai dit, je ne vois pas la nécessité de le répéter ; allons à mon argent. Mais qu'y a-t-il encore ?

SCENE XI.

WILLIAM, Jardinier; *les Précédens*.

BLUNDER.

Que me veux-tu, William, avec cet air effaré?

WILLIAM.

Eh! morgué Monsieur, c'est que tout est perdu; les François sont à notre porte, & le Quartier-Général n'est pas à deux toises de votre potager.

BLUNDER.

Eh bien! après? ont-ils pillé, brûlé, saccagé?

WILLIAM.

Oh que nanni, Monsieur; tout au contraire; ils ne gâtent morgué pas une feuille d'arbre. Mais il est venu ce M. Belleville que vous connoissez, avec un grand gaillard coëffé d'ours.

BLUNDER.

Eh bien!

WILLIAM.

Ces Messieurs nous on dit de ne rien craindre, attendu que le Général vouloit ça, & en même-temps ils ont enchargé vos gens de venir garder un coffre qui est ici tout près, à ce qu'ils on dit, à celle fin que personne n'y touche sans votre ordre.

SALLY.

Voyez, mon Oncle, quel soin, quelle prévoyance généreuse ? Convenez qu'il faut être M. Belleville, pour agir comme cela.

BLUNDER.

Oui je m'apperçois que si la terre appartenoit aux femmes, les François en seroient bientôt maîtres : mais puisqu'il ne le sont encore ni de vous ni de mon argent, hâtez-vous de me suivre pour que je sauve l'un & l'autre. (*Ils sortent.*)

SCÈNE XII.
WILLIAM (*seul.*)

C'est bien dit, morguenne, faut pas qu'ils aient rien; tout ce qui m'embarrasse, c'est le moyen de leur ôter ce qu'ils tiennent déja. Cependant faut avouer qu'ils sont drôles; ils vont à la guerre & au feu, comme à la nôce: d'un autre côté, ils ne sont pas difficiles à vivre; car quoique j'eussions peur d'eux, ils m'ont morgué fait rire; ils me tapiont joyeusement sur l'épaule; ils me preniont la main, & n'ont pas eu de cesse vantregué, qu'ils ne m'aiont fait boire avec eux, ni plus ni moins que si j'étions leur camarade; ça s'appelle des ennemis agréables, ça, & pis qu'faut en avoir, je voudrois toujours me garder ceux-là par préférence à d'autres. Mais qu'est-ce que j'entends? Ah! c'est toi Peggy; d'où viens-tu donc, comme ça, & à cette heure-ci?

SCENE XIII.
PEGGY, WILLIAM.

PEGGY.

AH pardi ! je viens d'un endroit où je me suis bien amusée, allez.

WILLIAM.

D'où donc ?

PEGGY.

Du Quartier-Général.

WILLIAM.

Et qu'est-ce que tu as été faire-là, toi ? Je t'avois dit de porter au Fort les poires & les poulets que j'avions à vendre.

PEGGY.

Aussi ai-je fait : mais comme j'étois en chemin, j'ai rencontré des François qui m'ont dit tant de drôles de choses, que je n'ai jamais pu trouver l'envie de m'en débarasser.

WILLIAM (*à part.*)

C'est tout comme moi.

PEGGY.

Oh ! il y a sur-tout un jeune tambour qu'on appelle Joli-Bois, & qui m'a dit les plus gentilles choses du monde.

WILLIAM (*à part.*)

C'est encore comme moi. (*A Peggy.*) Mais mes poulets ?

PEGGY.

Oh ! je les ai bien vendus : mais dites donc papa, est-ce que vous avez vu aussi Joli-Bois, vous ?

WILLIAM.

Pourquoi ça ?

PEGGY.

C'est que vous disiez tout à l'heure, que c'étoit tout comme vous.

WILLIAM.

T'as l'oreille bien fine, toi ! pardi, m'est avis que chacun peut avoir son mérite, & qu'il ne faut pas s'appeller Joli-Bois pour paroître agriable.

DE LA GRENADE.

PEGGY.

Oh! mon papa, de tout ce que j'ai vu, il n'y en a pas un qui me plaife autant que ce Monfieur là, fi ce n'eft un pourtant, mais.... Celui-là.... N'y atteint pas qui veut.

WILLIAM.

Et qui eft donc, ce grand homme là?

PEGGY.

Quoi! vous ne devinez pas?

WILLIAM.

Ma foi, non.

PEGGY.

Eh pardi c'eft le Général : fi vous voyez comme il a l'air honnête, & en même-temps fupérieur à tout le monde, comme il eft gracieux quand il commande, comme tout ce qui l'environne femble jaloux de recevoir fes ordres. Tenez, papa, je ne fuis qu'une jeune fille, mais un Général comme celui-là, me donneroit envie d'être foldat, pour avoir le plaifir de fervir fous fes ordres; c'eft lui qui m'a acheté mes poulets.

WILLIAM.

Le Général?

PEGGY.

Lui-même, & mes fruits auſſi. Il a dit que je m'expoſerois en allant au Fort, & qu'il vouloit que je lui vendiſſe toute ma marchandiſe; je lui aurois tout offert pour rien, moi, tant ſa généroſité me charmoit; mais il a fallu lui obéir, & voilà une bourſe qu'il m'a donné.

WILLIAM.

Comment diantre, de l'or? mais c'eſt un tréſor, ça: v'là de quoi acheter tout un verger. Dis-moi un peu, Peggy, ne lui as-tu vendu que tes poulets & tes fruits?

PEGGY.

Vraiment, non, puiſque je n'avois pas autre choſe?

WILLIAM.

Je demande, moi; car, que ſait-on? Quand on paie ſi bien n'y a pas d'emplette qu'on ne puiſſe faire au moins.

PEGGY.

V'là justement ce que j'ai pensé aussi : il ne me restoit malheureusement que le petit panier que je rapporte.

WILLIAM.

C'est encore heureux.

PEGGY.

J'avois peur qu'il ne me refusât; car si j'avois osé, je le lui aurois offert comme tout le reste. En vérité, papa, c'est comme je vous le dis.

WILLIAM.

Eh morgué! je te crois, mon enfant, tu n'as pas besoin de sermens pour me persuader, & je commence à voir que la guerre qu'on nous fait n'effraiera pas nos filles.

PEGGY.

Pas moi, toujours. Tenez, papa, je veux que vous voyez Joli-Bois, j'irois bien le chercher s'il ne faisoit si nuit; mais demain dès le matin, il m'a promis de me rencontrer; je vous l'amenerai tout aussi-tôt; vous verrez, papa, comme il vous fera aise.

WILLIAM.

Oui, je vois qu'il n'inspire pas de mélancholie; mais en attendant qu'il vienne, retournons toujours à la maison; nous y jaserons tout auſſi bien qu'ici; m'eſt avis qu'il y aura du bruit, & j'aime autant être à couvert.

(*On entend des coups de canon.*)

PEGGY.

Oh! mon papa; il y a défenſe expreſſe de faire mal à perſonne.

WILLIAM.

Oui, aux jeunes filles.

PEGGY.

Aux hommes auſſi, papa; je l'ai entendu moi-même, de la propre bouche du Général.

WILLIAM.

Ça ne fait rien; rentrons toujours; auſſi bien, j'entends quelque choſe, & les ordres du Général ne me raſſurent pas.... où es-tu?

PEGGY.

M'voilà; papa, mais qu'eſt-ce que vous avez donc? Vous tremblez, je crois?

WILLIAM.

Non, c'est que je serrois la bourse que tu m'as donné. Il y a sûrement quelqu'un qui rode par ici; j'apperçois une lumiere; allons nous-en. (*Ils sortent.*)

La toile se leve ; on découvre une partie de Forteresse attaquée par les François. La Place est défendue par une garnison Angloise soutenue d'Artillerie : la mer paroît dans le fond, & des vaisseaux faisant feu de leur bord pour favoriser l'attaque. Les François gravissent l'épée à la main les murailles du Fort au milieu du feu des ennemis ; ils parviennent au haut du rempart, en chassent les ennemis, s'y établissent eux-mêmes, arrachent le pavillon Anglois, le jettent dans le fossé, & mettent à sa place le drapeau François. En même temps que cette action se passe, un détachement Anglois sort d'une embuscade, & attaque le reste des Troupes Françoises, qui est encore au pied des murailles du Fort. Le combat s'engage ; les ennemis sont terrassés, & leur drapeau enlevé. Au milieu de cette mêlée, l'Officier qui commande les François est enveloppé par un peloton de Soldats qui sont sur le point de s'en rendre maîtres. La Valeur se jette au milieu des Anglois, renverse tout ce qui s'oppose à lui, parvient à son Officier, tue celui qui le serre de plus près, & combat à ses côtés jusqu'à ce que le reste soit ou tué ou mis en fuite. L'Officier transporté de reconnoissance saute au cou du brave Sergent de Grenadiers, & le serre dans ses bras : en même temps il ordonne à ses Troupes de marcher pour attaquer la ville. Un Officier Anglois vient de la part du Gouverneur, pour obtenir du Commandant François la permission de capituler. L'Officier François tire sa montre pour fixer le temps qu'il accorde ; & congédiant l'Officier ennemi, il envoie avec lui un Tambour chargé d'une Lettre, pour faire connoître ses intentions au Gouverneur. La toile se baisse.

Le Théatre représente le même lieu où s'est passé le commencement de la Piece.

SCENE XIV.

La Mere ROQUILLE, Vivandiere, JOLI-BOIS.

JOLI-BOIS.

Eh ! milles yeux, la mere Roquille, on a bien d'la peine à vous atteindre ; est-ce que vous ne connoissez pas ma voix ?

ROQUILLE.

Quand je te connoîtrois, M. Joli-bois, qu'est-ce que ça dit ? est-ce qu'on n'a pas un commerce, suis-je, Vivandiere pour tes beaux yeux, & crois-tu pendant qu'on se bat que je perdrai une aussi belle occasion de vendre ma marchandise.

JOLI-BOIS.

A quoiqu'vous rêvez donc la mere Roquille ? est-ce que Joli-Bois s'roit ici si on r'lichoit l'ennemi.

ROQUILLE.

Et qu'est-ce qu'on fait donc, ahuri

JOLI-BOIS.

Eh par la sangbleu, Madame Babi, on a fini d'un côté pour recommencer plus loin, le fort est pris, nous sommes devant la Ville; le Gouverneur a demandé une heure pour réfléchir; mais morbleu je lui conseille d'être docile, car l'attaque sera chenue, & il y f'ra chaud. Mon Officier, pendant ce temps-là, m'a donné une commission; en revenant, je vous ai reconnue de loin à votre lanterne de corne; allons vite, mere Roquille, ma bouteille d'eau-de-vie, que j'm'esbigne tout de suite pour arroser la tranchée & régaler mes camarades.

ROQUILLE.

C'est bien dit; mais qu'est-ce qui me paiera.

JOLI-BOIS.

Avez vous peur que je vous faffe banqueroute ?

ROQUILLE.

Non, mais où eft ton argent.

JOLI-BOIS.

Pour de l'argent, vous vous en pafferez ; car je n'en ai pas ; mais v'là une montre que m'a donné malgré moi un vieux bourgeois d'Anglois qui a été pris dans le Fort & que mon Officier m'avoit ordonné de conduire dans une maifon tout près d'ici ; tenez, comere Roquille, ça vaudra-t-il bien votre bouteille ?

(*Il lui donne la montre.*)

ROQUILLE (*regardant avec fa lanterne.*)

Voyons ; comment donc, c'eft de l'or ?

JOLI-BOIS.

Eh bien traffiquons-nous ?

ROQUILLE.

Qu'eft-ce qui pourroit te refufer, Joli-Bois ? t'es fi honnête ; tiens, mon ami, prends toute ma boutique,

boutique, il y a trois bouteilles toutes fines pleines prends aussi le panier, ça te fera plus commode à porter. Ah ça ! tu me donnes la montre.

JOLI-BOIS.

C'est-t-il pas dit ?

ROQUILLE.

Tiens, mon enfant, prends aussi ma lanterne.

JOLI-BOIS.

Qu'est-ce que vous voulez que j'en fasse ? la meche est presque à bout.

ROQUILLE.

Ça ne fait rien ; va, ça te durera bien jusqu'à la Ville, & puis n'y a presque rien d'ici au point du jour.

JOLI-BOIS.

Grand-merci, bon soir.

ROQUILLE (*le retenant.*)

Ecoute donc, mon garçon, qui étoit cet Anglois qui t'a donné cette montre ?

D

JOLI-BOIS.

Eh pardi! je viens de vous le dire, un bourgeois d'ici près, l'oncle d'une niece qu'il aime comme ses yeux, & qu'il a fait, à ce qu'il raconte, passer dans la Ville pour plus de sûreté; mais vous me retiendriez jusqu'à demain & on se battroit sans moi; bon soir.

(*Il part.*)

SCENE XV.
ROQUILLE *seule*.

C'est une fortune que cette aventure-là; voilà une montre superbe, & qui vaut, je suis sure, plus de dix louis pour l'or tout seul; il n'y a rien tel que de commercer avec les François dans un moment d'action; ils ne tiennent à rien : v'la ce petit Joli-Bois, ça n'est que Tambour, & ça vous a déja l'ame d'un Colonel. Grace à lui me v'là heureusement débarassée de ma marchandise : il ne me reste plus qu'un rouleau d'orgeat; mais ça ne vaut rien pour nos gens. Tout me paroît calme : j'ai apperçu un arbre de ce côté-ci; j'ai envie de m'y reposer en attendant le jour! m'y voici. Mais; chut.... il me semble entendre marcher de ce côté; écoutons.

SCENE XVI.
ROQUILLE, JACK.
JACK.

JE n'avois qu'à croire ce M. Blunder, & m'en aller ferailler avec les François pour les beaux yeux de fa niéce; ah! qu'on ne m'attrape pas comme ça: je n'aime pas être dans des murailles, moi; vive la mer; on voit fes affaires de loin & on fe tient au large tant qu'on veut.

ROQUILLE (*à part.*)

Ce drôle là eft un poltron.

JACK.

Je fuis fûr que les François feront battus; & je ferai avec peu d'argent des affaires excellentes. Ils n'ont que douze cents hommes, fans artillerie, & nous avons plus de cent pieces de canon, fans compter les mortiers: mettons feulement cent canons; il faut néceffairement que chaque décharge tue deux cents François, à bon marché faire. Ainfi, pour peu qu'on aille jufqu'à la fixieme décharge, v'là toute l'armée par terre.

LA PRISE

ROQUILLE (à part.)

Comme l'arithmétique de ce gaillard eſt expéditive ?

JACK.

Quand ça s'ra fait, on courera au butin, chacun s'ra preſſé de vendre, & moi j'acheterai tout à auſſi bas prix que je pourrai, de maniere que je gagnerai ſans me gêner plus de mil pour cent, ſur mes empletes.

ROQUILLE (à part.)

Pardi, il me prend envie de marchander ce chien de brocanteur, qui va ſur mes briſées ; & mon rouleau d'orgeat me donne une idée.
(*Elle tire le rouleau de ſa poche.*)

JACK.

Je m'en vais m'arrêter ici où perſonne ne paſſe, pour être à portée dès le point du jour, & n'être pas prévenu par d'autres.

ROQUILLE, *prenant un ton effrayant & appuyant le rouleau ſur l'eſtomach de* JACK.

Qui va-là, morbleu ?

JACK.

Oh! je suis mort, c'est un François; Monsieur, faites-moi quartier, (*se jettant à genoux*) je vous en prie.

ROQUILLE (*à part.*)

Il me croit un homme; soutenons notre caractère (*haut*); qui va-là, de par tous les diables?

JACK.

Hélas! Monsieur, je suis un pauvre diable qui n'aime pas la guerre, & qui ne la fait à personne.

ROQUILLE (*à part.*)

J'ai peine à m'empêcher de rire. (*Haut.*) Bas les armes, ventrebleu.

JACK.

Hélas! Monsieur, je n'ai ni épée ni bâton.

ROQUILLE.

Voyons tes poches? (*Elle fouille dans une poche.*)

JACK (*à part.*)

V'là le diable.

ROQUILLE.

L'autre : qu'eſt-ce que je ſens là ?

JACK.

C'eſt peut-être un piſtolet que j'y aurai laiſſé par mégarde.

ROQUILLE.

Par mégarde ! tu mériterois ! (*Elle prend le piſtolet.*)

JACK (*tremblant.*)

Monſieur.

ROQUILLE.

Je veux bien t'accorder la vie, mais à condition que tu te rendes mon priſonnier, & cela tout de ſuite, car autrement, pas de quartier.

JACK.

Eh pardi, Monſieur, je le ſuis de reſte ; n'êtes vous pas content ?

ROQUILLE (*de ſa voix naturelle.*)

Cela étant, relevez-vous, mon brave, & connoiſſez votre vainqueur. (*Le jour reparoît.*)

JACK (*après l'avoir considérée & tâté ses habits.*)

Mon vainqueur, mais, Monsieur, ce sont mes yeux qui ont la berlue, ou si le petit jour qu'il fait ne me trompe pas, vous m'avez tout l'air d'une femme.

ROQUILLE.

Aussi suis-je, mon poulet, & c'est avec ce rouleau d'orgeat que j'ai fait votre conquête.

JACK.

Oh! moi, je croyois me rendre à un homme, & puisque vous êtes autre chose, notre marché ne tient plus.

ROQUILLE.

Il ne tient plus (*le prenant par la cravatte, & lui présentant le pistolet*); restez-là, par la morbleu, car si vous bronchez, je vous ferai, de par tous les diables, sauter la cervelle, aussi net qu'un bouchon de vin de champagne.

JACK.

C'est pis qu'une sorciere.

SCENE XVII.

JOLI-BOIS, *les Précédens.*

JOLI-BOIS.

V'Là bien du bruit ici. Qu'eſt-ce que c'eſt donc? la mere Roquille, les armes à la main? que fait ici ce vivant là?

ROQUILLE.

C'eſt mon priſonnier; je l'ai pris de bonne guerre; corps à corps; je lui ai accordé la vie, & ce coquin après avoir mis bas les armes, voudroit me chicaner.

JACK.

C'eſt une trahiſon, Monſieur; c'te gaillarde-là m'a ſurpris pendant qu'on y voyoit goutte, & je ne ſavois ce que je faiſois.

JOLI-BOIS.

Pardi, vous v'la bien malade, vivant; croyez-vous être le premier nigaut qu'une femme ait redreſſé à la faveur des ténebres? allons, allons, notre ami, faites les choſes de bonne grace, & songez que Madame Roquille est la plus illustre Vivandiere de l'armée Françoise?

JACK.

Qu'est-ce que ça me fait, à moi? savez-vous que je suis Jack-Pudding, moi; Armateur distingué sur la mer; oui; & que je ne suis pas une bête, non, afin que vous le sachiez.

JOLI-BOIS.

Ça ne fait rien, bête ou non, armateur ou désarmé, faut céder, M. Jach-Pudding, c'est votre plus court. (*Le contrefaisant.*) Le Roi de France est à présent le maître ici, oui, & vous n'auriez pas beau jeu à faire résistance, non.

ROQUILLE (*avec empressement.*)

Qu'est-ce que tu dis donc, Joli-Bois, est-ce que la ville est prise?

JOLI-BOIS.

La Ville, le Fort, l'Isle, tout est à nous, & ça vous été remouché gentiment, allez; je ne parle pas de not Général; pour celui-là on le sait par cœur, & il est par-tout le même; mais pour les Officiers, le Soldat, c'étoit un plaisir devoir comme ils grimpoient les uns sur les autres, pour être plus près de la gloire; le Sergent la Valeur a eu le bonheur d'être toujours dans le feu.

ROQUILLE.

Est-ce qu'il est tué?

JOLI-BOIS.

Il ne l'y a manqué qu'çà; mais pour l'en dédommager, notre Général est venu lui sauter au cou, & l'a fait Officier sur le champ de la victoire; je l'ai vu qui venoit de ce côté, avec un volontaire François, que je ne connois pas, mais qui parsembleu, sait se tirer d'affaire, aussi celui-là, je vous réponds qu'il n'est pas manchot; qu'est-ce que c'est que ces gens-là?

SCENE XVIII.

BLUNDER, WILLIAM, *les Précédens.*

BLUNDER.

JE n'en croirai rien, William, à moins que de le voir moi-même.

WILLIAM.

Tout eſt pris, je vous dis; mais tenez, regardez, en v'là des preuves.

BLUNDER.

C'eſt ce malheureux Jack-Pudding.

JACK.

Eh! vraiment oui; c'eſt moi.

BLUNDER.

Que faites vous ici?

JACK.

Eſt-ce que j'en ſais rien; demandez à cette dégourdie là; elle dit que je ſuis ſon priſonnier, parce qu'elle ma fait rendre les armes ſubtilement, entre chien & loup, & en menaçant de me brûler la cervelle avec un rouleau d'orgeat.

BLUNDER (*avec mépris levant les épaules.*)

Un rouleau d'orgeat!

JACK.

Mordienne, oui, voyez ſi c'eſt juſte.

JOLI-BOIS.

Oh! par la ventrebleu, en v'là d'une bonne, celle-là; vous ne diſiez ça, la mere Roquille.

SCENE XIX.

PEGGY, *les Précédens.*

PEGGY *(accourant.)*

PLACE, place, réjouissez-vous papa, & vous aussi M. Blunder; les François sont maîtres de tout, & font fête à tout le monde : en v'la une troupe qui revient de la ville, & qui vous amene Miss Sally.

BLUNDER.

La fortune est-elle assez perfide !

JOLI-BOIS *(à Peggy.)*

Dites donc, belle enfant, est-ce que vous ne me remettez pas, moi ?

PEGGY *(surprise, & avec vivacité.)*

Eh vraiment, si, Monsieur; pardi où étiez-vous donc, j'ai regardé par-tout pour tâcher de vous appercevoir. *(A William.)* Papa, papa, tenez, c'est lui.

WILLIAM.

Qui, lui ?

PEGGY.

Eh pardi lui, M. Joli-Bois dont je vous ai tant parlé, & qui m'a fait tant de politesses. N'est-ce pas qu'il est bien aimable?

JOLI-BOIS.

Je suis ravi de la rencontre, Monsieur; vous avez-là une jolie enfant, qui m'a donné de la tendresse pour vous, sans vous connoître, mais pour peu que vous le vouliez....

WILLIAM.

Nous ferons connoissance, n'est-ce pas?

JOLI-BOIS.

Vous l'avez dit. Et si M'amselle Peggy me trouve à son gré....

PEGGY.

Oh! que de reste, monsieur, demandez à papa ce que je lui ai dit.

WILLIAM.

Oh oui, mon enfant, faut en convenir, tu n'es pas cachée.

PEGGY.

Tenez, tenez, papa; v'là ces Messieurs François & Miss Sally qui arrivent.

SCÈNE XX & derniere.

LA VALEUR, BELLEVILLE, SALLY, les Précédens.

LA VALEUR (à Sally.)

Point de remercimens, M'amselle, le plaisir d'obliger mon ami en servant mon Roi, est une assez belle récompense.

BELLEVILLE (à Blunder.)

Cette journée nous a été favorable, Monsieur, les armes de la France triomphent; mais ce succès auroit moins de charmes pour moi, si je n'avois eu le bonheur de vous servir, & de rendre Miss Sally à votre tendresse.

SALLY.

Il n'y a rien, mon Oncle, que M. Belleville & son ami n'auroient fait pour vous, pour moi: votre fortune conservée, votre niéce traitée en reine, plutôt qu'en prisoniere.....

BLUNDER.

Je vous entends; M. Belleville & son ami triomphent de vous & de moi, par les bienfaits, & ils viennent, à titre des plus forts, en exiger le prix.

LA VALEUR.

Vous n'êtes pas heureux en conjectures, M. Blunder.

BELLEVILLE.

Non, Monsieur, nous ne venons point pour vous contraindre; un tel soupçon nous outrage, j'adore Miss Sally, je l'avoue, elle a daigné recevoir favorablement mes vœux, mais elle est au-dessus de mes services; reprenez, Monsieur, tous les droits que vous avez sur elle & celui même de m'arracher la vie, en me la refusant.

BLUNDER (*avec expression.*)

Non, Monsieur, un Anglois seroit vaincu deux fois, si un homme de votre nation l'emportoit sur lui en générosité. Recevez ma niéce de ma main, & donnez-moi votre amitié. Vous me faites sentir en ce moment, que nos deux nations sont dignes l'une de l'autre, & que les vertus d'un ennemi font plus de conquêtes que ses armes.

LA VALEUR.

Voilà parler cela, allons, morbleu, plus de tristesse, nos soldats sont dans l'allégresse; avons-nous encore quelque mariage?

PEGGY.

Oh! si papa vouloit; il y en a bien un que je sais.

JOLI-BOIS.

Papa, vous entendez, tâchez donc de vouloir.

WILLIAM.

Parsangué, il y a bien force, vous êtes de si bon accord, & puis d'ailleurs votre Général a payé la dot.

PEGGY.

C'est l'argent de nos poulets, M. Joli-Bois; voyez comme cet honnête Monsieur porte bonheur.

ROQUILLE.

Oh! ça, v'là qui est bien, tout le monde s'arange, mais moi je reste là, avec mon prisonnier; tous ces mariages me font venir l'eau à la bouche : & quoique ce vivant là m'est l'air un peu niais, je crois qu'il me conviendra; qu'en dites-vous?

JACK.

Oh! vous êtes trop hardie : & puis une vivandiere.

ROQUILLE.

ROQUILLE.

Qu'appellez-vous ? est-ce qu'une vivandiere n'est pas commerçante ; & qui es-tu donc, toi, marabou ; ventrebleu, tu m'épouseras, ou tu me donneras cent mille francs pour ta rançon, sur quoi je vais parler au Général, & je te mets mousse sur un vaisseau du Roi.

LA VALEUR.

Allons donc, vivant ; faut-il tant de façon ?

JACK.

C'est dur, mais puisqu'il n'y a pas moyen de faire autrement ; tenez, Madame, v'là ma main, j'aime encore mieux prendre une femme diablesse, que de perdre cent mille francs.

LA VALEUR.

Allons, mes amis, puisque chacun est content, réunissons nous tous, & morbleu, vive le Roi de France, vive notre Général, & la nuit de la Grenade.

TOUS ENSEMBLE.

Vive le Roi.

E

La toile se leve ; le Théatre repréfente le Fort & un détachement des Troupes victorieufes, rangées en bataille vis-à-vis les murailles. Les François défilent en ordre avec leur Officier à la tête & tambour battant, portant en triomphe les Drapeaux enlevés à l'ennemi & le pavillon Anglois. BLUNDER ne peut pas foutenir ce fpectacle : il s'avance fur le bord de la Scene ; BELLEVILLE & SALLY vont après lui avec empreffement ; il leur ferre la main à tous deux d'un air pénétré, jette encore un coup-d'œil fur les drapeaux, enfonce fon chapeau fur fes yeux, & part précipitamment.

On fait fortir du Fort les prifonniers Anglois, qui traverfent le Théatre fans armes pour paffer dans le camp des François. Un Officier Général arrive ; il demande avec empreffement le Grenadier LA VALEUR, & l'appercevant court à lui & l'embraffe. En même temps quatre Grenadiers fortent de la file au fignal de leur Officier, & l'un d'eux préfentant une épée à LA VALEUR, lui adreffe le couplet fuivant.

VAUDEVILLE.

Le Grenadier, *présentant l'épée à* la Valeur.

Cette é-pée, A-mi, la Va-leur, Est un hom-ma-ge de l'es-ti-me D'un Corps à qui tu fais hon-neur; Vive un Gé-né-ral magna-ni-me : Le nôtre a doublé ses lau-riers, Quand il a fait, cher ca-ma-ra-de, Du plus bra-ve des Grena-diers, Un des Hé-ros de la Gre-na-de.

E ij

LA VALEUR, *recevant l'épée.*

Amis, l'honneur d'être avec vous
A fait aujourd'hui ma fortune :
De ce prix que vous m'offrez tous,
La gloire entre nous est commune ;
Je ne reçois tant de bienfaits
Des mains à qui je dois mon grade,
Que pour imiter à jamais
Mes compagnons de la Grenade.

SALLY.

Malgré l'appareil effrayant
Qui semble accompagner la guerre,
Je sens ici qu'en la voyant
On n'a pas de peine à s'y faire :
En vain pour certains ennemis
D'un fier dédain on fait parade ;
Des tendres cœurs sont bientôt pris
Par les Héros de la Grenade.

BELLEVILLE.

Un François se doit à son Roi,
A son devoir, à la Patrie ;
Mais l'amour se réserve un droit
Que jamais cœur loyal n'oublie.
Pour aller braver le hasard,
Sans craindre feux ni cannonade,
Il ne m'a fallu qu'un regard
De ce que j'aime à la Grenade.

WILLIAM.

Quand nos Anglois nous ont promis
De tout avoir en leur puiffance,
Ils oublioient d'avoir foumis
Ces galans batailleurs de France :
Tout en badinant en voilà
Qui viennent cueillir ma falade :
Et je ferai fait grand papa
Par un vainqueur de la Grenade.

PEGGY.

Je ne fais pas trop raifonner
Sur l'amufement que j'éprouve ;
Mais quand on veut bien m'en donner,
Je le prends comme je le trouve :
Je fuis fûr au moins dans ce jour,
Si l'on nous donne quelque aubade,
De me plaire au bruit du tambour
Comme un Héros de la Grenade.

JOLI-BOIS.

L'orfqu'un François marche en avant,
Soit pour l'amour, foit pour la gloire,
Il va toujours tambour battant
Jufqu'au moment de la victoire :
Il ne connoît plus d'ennemi
Dès qu'on a battu la chamade,
Et l'on n'affomme que l'ennui
Chez les Héros de la Grenade.

ROQUILLE.

Honneur au sexe féminin ;
De mon côté j'ai fait la guerre,
Et j'ai pris ce monstre marin
Pour le dresser à ma maniere :
Il verra s'il devient mutin
Que je n'ai pas le bras malade,
Et que je fais le coup de main
Comme un Héros de la Grenade.

JACK-PUDDING.

Je me flattois en désarmant
De passer parmi la racaille,
Et j'attendois l'événement
Pour prendre part à la bataille :
Grace à ce diable en casaquin,
Qui vient m'enlever à ma rade ;
Me voilà le marchand de vin
Des conquérans de la Grenade.

SALLY, *au Public.*

Messieurs, notre prétention
Est de vous prouver notre zele ;
C'est le cœur de la Nation
Qui nous a servi de modele :
Si nous obtenons la faveur
Au moins d'une indulgente œillade,
Nous en devrons encor l'honneur
Aux conquérans de la Grenade.

Après le Vaudeville, toutes les Troupes défilent pour rentrer dans le camp, & la toile se baisse.

Lu & approuvé. A Paris, le 27 Septembre 1779.

SUARD.

Vu l'Approbation, permis de repréſenter & imprimer. A Paris, le 7 Octobre 1779.

LE NOIR.

De l'Imprimerie de Valade, rue des Noyers.

www.ingramcontent.com/pod-product-compliance
Lightning Source LLC
LaVergne TN
LVHW051508090426
835512LV00010B/2417